Findet 12 Tiere,
die kein Schaf sind!

FOOLKE

FOKKO

4

# Welche der Rechtecke links passen rechts?

# Sucht die Vierergrüppchen links in der großen Herde rechts.

◀ Findet 9 Katzen und 9 Schwalben!

Hier stimmt doch was nicht! Findet 10 Merkwürdigkeiten.

◀ Findet 13 Enten und 3 Flaschen.

7

# Wer hat mehr Schafe in seiner Herde, Schäfer oder Schäferin?

## Findet im Spiegelbild unten 10 Fehler.

◀ Findet 14 Vögel und 1 verlorene Radkappe!

# Findet 10 Fehler im rechten Bild.

# Welche 2 Bildchen sind genau gleich?

◄ Wie viele Schafe haben es noch nicht über die Brücke geschafft?　　　11

**Wie viele Schafe waren auf dem Anhänger?**

13

# Findet einen Weg zurück zur Herde!

Von welcher Schafrasse gibt's die wenigsten in der Herde,
von welcher die meisten?

Welche Würfel rechts wurden aus der Schablone links zusammengebastelt?

◄ Findet 13 Flaschen!

# Findet einen Weg. Folgt nur den Schafen, nicht den Möwen!

START

ZIEL

◄ Findet 11 Lachmöwen (das sind die mit den schwarzen Köpfen),
1 Krebs und 1 Fisch.

Teile die Weide durch 3 gerade Linien so auf, dass auf jedem Teil von jeder Schafrasse gleichviele Tiere stehen!

◄ Findet 12 Tiere, die kein Schaf sind, und 1 Pilz!

# Wo sind die Quadrate links im großen Raster rechts versteckt?

# Welche Rechtecke unten sind Teil des Rasters oben?

A   B   C   D   E   F   G

◄ Findet 10 Bälle und 1 Katze!

# Wie viele Felder mit Blümchen werden von den dreien vollständig verdeckt?

# Welche Fähnchen kommen dreimal vor, welche nur einmal?

◄ Findet 7 Fähnchen und 7 Brillenträger!

**Findet 13 Uhren und 2 Elefanten!**

26

Von welcher Möwenart fliegen hier die meisten herum?
Von welcher die wenigsten?

A
B
C
D

Welche der unten abgebildeten Dinge sind im Bild nicht zu finden?

| 1 | 2 | 3 | 4 | 5 | 6 | 7 | 8 | 9 | 10 |

◀ Findet 11 Möwen und 3 Sonnenbrillen!

EINFAHRT
FREIHALTEN